Julio César Fernandes

Liberdade e Vocação

Julio César Fernandes

Liberdade e Vocação

A identidade do presbítero

CREDO EDICIONES

Cover image: www.ingimage.com

Publisher:
CREDO EDICIONES
ist ein Imprint der / is a trademark of
International Book Market Service Ltd., member of OmniScriptum Publishing Group
17 Meldrum Street, Beau Bassin 71504, Mauritius

Printed at: see last page
ISBN: 978-613-1-93095-9

Aos meus pais Francisco Fernandes e Francisca Ribeiro Fernandes e toda minha família, pela presença e incentivo à minha vida e vocação.

A Dom Eduardo Benes de Sales Rodrigues, Arcebispo Metropolitano de Sorocaba, que muito me orientou e incentivou a realização deste estudo.

À Paróquia São Luiz Gonzaga que me acompanhou no início deste projeto e muito contribui para sua realização e à Paróquia Nossa Senhora da Piedade que me acolheu e, pacientemente, permitiu a concretização desta jornada de estudos.

A todos que me incentivaram e apoiaram nesta realização.

A todos os profissionais da saúde que, com seu trabalho, promovem o bem estar do ser humano em todas as suas dimensões, levando-o a realizar-se como pessoa e como indivíduo.

Aqueles que dignificam o ser humano ajudando-o, a encontrar-se consigo e com os outros, em uma constante descoberta da liberdade e da responsabilidade que a própria vida o convoca.

A todos que anseiam por uma realização humana, levando cada um a perceber que a vida nos interroga a algo além da facticidade humana, conduzindo-nos a uma realização espiritual, intrínseca em nosso ser.

"O que é, então, um ser humano? É o ser que sempre decide o que ele é. É o ser que inventou as câmaras de gás; mas é também aquele ser que entrou nas câmaras de gás, ereto, com uma oração nos lábios."

FRANKL, 2011b.

RESUMO

A Logoterapia e Análise Existencial tendo como princípio conduzir o ser humano a uma vida plena de sentido procura fazer com que o homem seja consciente de que é autor de sua vida e é ele quem determina os caminhos para suas realizações. O homem realiza-se em sua vida quando vivencia sua liberdade com responsabilidade, assumindo sua vida não como algo já definido, mas em total possibilidade de realizações a partir daquilo que ele mesmo determina e busca. Precisa ter consciência de que é um ser único e irrepetível, assumindo com disposição a missão que lhe é própria de ser alguém livre e responsavelmente capaz de decidir. Toma consciência que não vive só para si, mas também para encontro com o outro e, faz este encontro ao transcender-se de si para si, assumindo suas características próprias como um ser espiritual vivendo plenamente o sentido a sua vida. A identidade do presbítero floresce ao passo que este se abre ao crescimento. A identidade presbiteral, desde o início da reflexão vocacional até as últimas instâncias de sua vida, realizando-se como pessoa e vocacionalmente, deve buscar o amadurecimento de sua identidade como um ser em constantes transformações. A centralidade da identidade do presbítero como cuidado, identidade de integração, tem poder de melhor potencializar a realização de sua missão. Pensar sobre a identidade do presbítero como cuidador é unir o espiritual ao social. Não se cuida simplesmente de uma ou outra dimensão do ser humano, mas do ser humano como um todo.

Palavras-chave: Psicologia, logoterapia, análise existencial, identidade religiosa.

ABSTRACT

The logotherapy and Existential Analysis with the principle lead human to a life full of meaning for the man is aware that he is the author of his life and it is he who determines the paths to your accomplishments. The man perform when he experiencing freedom with responsibility, assuming his life not as something already defined, but in total possibility of achievements from what himself determines and search. Need to be aware that he is unique and unrepeatable, assuming with a mission that is to be someone's own free and responsibly to decide. Take conscience that does not live only for himself, but also to meet the others and this makes against transcend himself to himself, assuming his own characteristics as a spiritual being living a full meaning to his life. The identity of the priest flourishes while he opens up to growth. The priestly identity, since the beginning of vocational reflection until the last instances of his life, performing as a person and vocationally, should seek the maturation of his identity as a being in constant transformation. The centrality of the identity of the priest as care, identity integration, has power to better leverage accomplishment of his mission. Think about the identity of the priest as caregiver is to unite the social to spiritual. Do not just take care of one or another dimension of the human, but the human as a whole.

Keywords: psychology, logotherapy, existential analysis, religious identity.

SUMÁRIO

1 INTRODUÇÃO

A Logoterapia, sendo uma psicoterapia que tem como princípio a realização do ser humano a partir de uma vida fundamentada no sentido, quer levar o homem a refletir sobre o sentido de sua existência e a necessidade da busca por este sentido.

A busca, é possível para o homem quando ele toma consciência de que sua vida só terá êxito quando posicionar-se diante dela como um ser único, totalmente livre e responsável para assumir sua história, sem condicionamentos ou determinações pré-dispostas. O que lhe confere esta disposição é enxergar-se como um ser capaz de transcender-se, assumindo e vivenciando a dimensão espiritual de sua vida.

Viktor Emil Frankl apresenta como proposta para a realização do ser humano a necessidade de se ter consciência que, como pessoa, cada um tem, em sua história, uma missão a ser realizada. Esta, a partir da liberdade e responsabilidade, é a que define o caráter e o sentido da vida de cada um, sendo este sentido irrepetível e intransferível.

O homem precisa estar consciente de seu caráter único enquanto pessoa para que, ao vivenciar as situações, as quais lhe são propostas no meio, assumam as possibilidades de sua vida, dispondo-se sobre si mesmo a capacidade de decidir livre e responsavelmente aquilo o que lhe conferirá o sentido de sua vida.

Este, torna-se algo realizável no ser humano quando compreende que não vive só para si, mas também para o outro, no qual pode transcender-se. É de muita importância o homem perceber que não vive em função do meio, mas inserido num meio, contextualizando a sua vida com aqueles que estão a sua volta, formando uma relação de seres realizáveis de maneira coletiva sem perder as características, as quais são peculiares na relação com o outro, mas sempre a partir de si.

É na vocação, exercida sempre a partir da responsabilidade, que o homem encontra-se na realização de si nas realidades que lhe são próprias, como os instintos, a hereditariedade e o meio. Frente a esta realidade, o homem é sempre forçado a ter como atitude, a disponibilidade, de encontrar-se consigo, em si mesmo e com o outro. Assim, a atitude de amor faz com que a pessoa seja capaz de sair de si para o outro. Só é capaz de vivenciar este gesto aquele que faz uso de sua liberdade, na liberdade. Na liberdade a pessoa encontra a disponibilidade em função do outro, e torna-se alguém capaz de transcender-se, realizar-se vocacionalmente. Tal transcendência caracteriza-se com um ser espiritual capaz de mudança, para encontrar o sentido de sua vida. A liberdade, assumida com autonomia, torna o homem consciente de sua responsabilidade frente aos seus deveres característicos em função do sentido de sua vida na sua vocação específica.

A responsabilidade assumida leva a realizar-se vocacionalmente. A vocação é a resposta dada a partir da identidade que se propõe para a própria vida. O presbítero tem como resposta, a sua identidade, a realização de seu ministério que se dá no cotidiano de suas ações.

2 O HOMEM, UM SER LIVRE E RESPONSÁVEL

A Logoterapia e Análise Existencial é uma psicoterapia centrada no sentido. E, está fundamentada no sentido da existência humana, bem como na busca da pessoa por esse sentido. O fundador desta psicoterapia, conhecida como Terceira Escola Vienense de Psicoterapia, é Viktor Emil Frankl. As duas escolas psicoterápicas anteriores são: a Psicanálise, fundada por Sigmund Freud e a Psicologia Individual, fundada por Alfred Adler.

Para a Psicanálise, o homem tem dois impulsos principais: a sexualidade e a agressão, com motivos determinados pelo meio ambiente, tais como os conflitos e a castração. Juntas elas exigem e exteriorizam-se na realização das expressões humanas. Esta realização se dá pela busca de prazer constantemente desejada pelo homem. Freud considera, na sua teoria, a pulsão de vida (*eros*) e a pulsão de morte (*tânatos*) como faces da mesma moeda, dando a entender que têm o mesmo peso. Todas as duas formas de energias transitam livremente no inconsciente, cujo único objetivo consiste em aliviar suas tensões, segundo o princípio do prazer. Este modelo de homem necessita de um alto grau de controle na sociedade e saídas institucionalizadas para os impulsos. Sem esse controle, de acordo com o modelo freudiano, viveríamos de forma arriscada, podendo constantemente nos frustrar nas realizações humanas, já que não viveríamos o princípio de prazer.

Na Psicologia Individual o homem tem uma motivação principal em sua vida. A busca pela perfeição pode-se tornar uma busca por superioridade como compensação para sentimentos de inferioridade, caracterizando, assim, uma busca, uma vontade de poder. A opinião do indivíduo sobre si próprio e sobre o mundo influencia todo o seu processo psicológico. Isto porque, todos os problemas importantes da sua vida são problemas de natureza social, ele precisa ser visto em seu contexto social. Sua socialização pode ser obtida através do desenvolvimento da sua inclinação social instintiva.

Adler compreende a estrutura da personalidade de cada indivíduo, incluindo seus ideais e os meios que utiliza para alcançá-los, constitui a finalidade de sua vida. Coerentemente, a esta finalidade o indivíduo subordina suas emoções e desejos específicos. Esta finalidade é formada na primeira infância, influenciada por fatores como ordem de nascimento, inferioridade ou superioridade física, descaso ou superproteção dos pais. A saúde mental é caracterizada pela razão, interesse social, e auto-transcendência, e as desordens mentais por sentimentos de inferioridade e preocupação egocêntrica com segurança e superioridade ou poder sobre os outros.

Para a Logoterapia e Análise Existencial a constituição do homem está na visão do ser humano como um ser em busca de sentido. O homem é o único responsável e capaz de posicionar-se diante dos condicionamentos da vida. Ela baseia-se no confronto do indivíduo com o sentido de sua vida e o reorienta para o mesmo. As projeções das dimensões biológicas, psicológicas e sociais se expressam em uma dimensão espiritual, também chamada de dimensão noética, que se totaliza na existência humana. É somente nesta dimensão que o indivíduo pode sair de suas condicionalidades e visualizar o seu sentido.

A busca por um sentido é a motivação primária na vida de uma pessoa. Esta busca não é algo aprendido, condicionado ou objeto de sua consciência. Ela está na pessoa como mola impulsionadora de sua existência. O sentido é único e específico para cada um e deve ser vivido somente por aquele indivíduo.

A visão de homem, apresentada pela Logoterapia e Análise Existencial, se sustenta sobre três pilares: a liberdade da vontade, a vontade de sentido e o sentido da vida. A liberdade da vontade significa a vontade humana, e esta é a vontade de um ser finito. O homem não é livre de suas contingências, mas sim, livre para tomar uma atitude diante de quaisquer que sejam as condições que sejam apresentadas a ele; A vontade de sentido é o esforço mais básico do homem para encontrar e realizar sentidos e valores. É a capacidade, especificamente humana, para descobrir a configuração do sentido tanto real como possível; O sentido da vida leva o homem a descobrir-se como ser único e irrepetível, capaz de realização dando sentido a sua vida, fazendo valer a pena viver. Não se trata, portanto, de um sentido para a vida em termos gerais, mas um sentido pessoal para a vida de cada indivíduo, que este escolhe, mas também pode criar.

Frankl (2011b, p. 135) conclui que o indivíduo pode encontrar um sentido para sua vida por três diferentes formas: 1. criando um trabalho ou praticando um ato, estabelecendo, assim, valores de criação; 2. experimentando algo ou encontrando alguém, orientando-se, então, para os valores de vivência; 3. pela atitude que tomamos em relação ao sofrimento inevitável, vivenciando, experiencialmente, os valores de atitude.

Ao viver em meio às catástrofes da Segunda Guerra Mundial e ao sofrimento passado em quatro campos de concentração nazista: *Theresienstadt*, *Türkheim*,

Kaufering e *Auschwitz*, Frankl (2011b, p. 129) encontrou a sua singular contribuição no campo do conhecimento, a qual defende a existência do ser humano voltado para a vontade de sentido. Utilizando-se das palavras de Nietzsche, ele afirmava "que quem tem por que viver suporta quase qualquer como".

Na busca de um sentido para a vida, Frankl apresenta a teoria da condição humana não mais voltada para a vontade de prazer ou de aspiração ao êxito material e de poder, mas uma antítese das teorias e terapias reducionistas, expressando com contundência uma originalidade científica e um campo fundamental para o sentido da vida de cada ser humano. Ao descrever esta busca, Frankl (2005, p. 25) diz que "o desejo de sentido é realmente uma necessidade específica não redutível a outras necessidades e está presente em medida maior ou menor em todos os seres humanos".

A abordagem ontológica dimensional do ser humano, apresentada por Frankl (2011a, p. 33), tem por fundamento compreender o ser humano como unidade, apesar de sua multiplicidade. O ser humano ao ser visto a partir da dimensão biológica ou psicológica será compreendido de maneira contraditória, pois os resultados serão fechados como são fechados os fenômenos somáticos ou fenômenos psicológicos. Ao passo que, na ontologia dimensional não há oposição à unidade do homem, pois este é um ser aberto para si mesmo e para o outro, em função de sua terceira dimensão, a dimensão noética: alguém caracterizado por ser aberto à realidade externa; é um ser no mundo.

Ele não pode ser reduzido à busca de prazer, tampouco pela vontade de poder. O prazer nunca é a finalidade da vida humana e sim, consequência da realização de um objetivo. Esta realização constitui na motivação para a felicidade. Assim, também, o poder não constitui um fim em si mesmo, ele proporciona um meio para se chegar a este fim. Então, tanto o princípio de prazer quanto a vontade de poder são subordinados a vontade de sentido.

Contudo, a inserção de Frankl no cenário da psicoterapia pode ser percebida, entre outros aspectos, através de suas reflexões sobre o caráter relacional ou de missão intransferível realizada por cada ser humano, partindo do entendimento de que cada ser é uma unidade na multiplicidade e um ser que possui a necessidade de engajamento pessoal na sociedade da qual faz parte. Assim, ele afirma que:

> O que importa, por conseguinte, não é o sentido da vida de um modo geral, mas antes o sentido específico da vida de uma pessoa em dado momento. [...] Cada qual tem sua própria vocação ou missão específica na vida; cada um precisa executar uma tarefa concreta, que está a exigir realização (FRANKL, 2011b, p. 133).

A Logoterapia e Análise Existencial apresenta como proposta a tomada de consciência da ontologia do ser humano, não de maneira abstrata e genérica, mas em um mundo circundante que o acolhe e o anima. Na medida em que se desenvolve física, psíquica e espiritualmente, o ser humano toma consciência do "eu" e da existência singular em um mundo real marcado por diversos valores, os quais possibilitam escolhas e posicionamentos diferentes. Para viver neste mundo é fundamental a manutenção da singularidade, da liberdade e da responsabilidade.

A medida que o homem se percebe como ser livre capaz de atitudes, ele existe como ser incondicionado, apesar das limitações naturais, tendo a liberdade de optar e ser responsável. Não obstante, é exercendo sua capacidade de decidir que o homem se auto determina, ao mesmo tempo em que se inscreve na realidade, tornando-se consciente de suas escolhas, assumindo-as com responsabilidade. Sendo marcado por uma situação de liberdade, a qual se revela no encontro com as instâncias da vida, o homem mostra-se único e irrepetível ao responder de maneira pessoal e absolutamente intransferível.

A proposta da Logoterapia e Análise Existencial tem como eixo fundamental a liberdade, presente intrinsecamente no ser humano. Para Frankl, o homem tem na liberdade um duplo movimento: ser livre e ser responsável. É importante enfatizar que a liberdade e responsabilidade são concomitantes uma à outra, são termos correlatos. Na reflexão frankliana não se deve, em momento algum, querer vivenciar uma sem o auxílio da outra:

> Ser livre é apenas o aspecto negativo do fenômeno completo, no qual o aspecto positivo é ser responsável. A liberdade pode degenerar em mera arbitrariedade, a menos que seja vivida em termos de responsabilidade. É por isso que eu gostaria de recomendar que a Estátua da Liberdade da costa leste fosse suplementada pela Estátua da Responsabilidade na costa oeste (FRANKL, 2005, p. 54).

A responsabilidade do homem está vinculada a irrepetibilidade da existência. O horizonte da finitude apresenta para o homem o seu caráter único. O homem está ligado ao meio ambiente, porém não vive somente nas situações do imediato. Este vive na mediação da liberdade, formando o seu mundo humano. Embora ele viva num mundo e esteja vinculado a um grupo vivencial, este se distingue de tudo que não é ele, pois sabe que ele é somente ele. E isto, na definição de Rabuske (2001, p. 68) é o espaço da liberdade em que se dispõe sobre si mesmo, onde pode e deve se decidir a que está entregue à sua própria responsabilidade, sem poder escapar. A morte, como um destino, revela que a vida de cada um é única, insubstituível e, não se repete. Frankl afirma que esse encontro com o destino da finitude e da irrepetibilidade convoca a responsabilidade do homem frente ao seu existir (2010a, p.119). Esta responsabilidade, que torna o homem capaz de responder por sua vida única diante do horizonte da finitude, anuncia a liberdade de escolher posições diante dessa fundamental determinação da morte.

A liberdade pertence à ordem da eternidade, da transcendência da vida puramente biológica. O que transcende a morte não é o organismo, nem a memória, nem os sentimentos, nem puramente as emoções vividas. Tudo isso desaparece junto com a dimensão biológica do ser. O que permanece é a autotranscendência em função de um ser livre e responsável. Para o ser humano:

> A liberdade é o seu próprio fim, e ela se constrói no decorrer da vida no meio das oportunidades, dentro das vicissitudes de uma existência humana terrestre. Ser livre é criar a sua própria personalidade, algo novo, único, porque não há duas pessoas iguais nem semelhantes, ainda que sejam bilhões (COMBLIN, 1998, p. 238).

Fazer uso da liberdade é buscar o "eu" que nunca se define por estados concretos limitados. A liberdade é a própria realização do ser humano. Sendo assim, finitude, destino, irrepetibilidade, responsabilidade e liberdade se unem em uma lógica circular, na qual a finitude é o ponto de partida e de chegada. A finitude convoca à responsabilidade. Assim, a capacidade de responder fundamenta-se na liberdade de escolhas diante de condicionamentos, aos quais se referem às posições tomadas frente às determinações bio-psíquico-sociais do existir. São essas escolhas, por sua vez, que se refletem na forma do indivíduo existir e morrer.

Normalmente, denominamos destino àquilo que escapa à possibilidade de liberdade e, por conseguinte, à responsabilidade. Todavia, a morte é um destino que se transforma em horizonte no qual o homem está inserido, ou seja, ser responsável pela sua vida e, como consequência, ser livre para escolher posições diante das diferentes determinações. Compreende-se, neste sentido, que:

> O existir humano é ser-responsável, porque é ser-livre. É um ser que – como diz Jaspers – de cada vez decide o que ele é: 'ser que decide'. É precisamente 'ser-aí', (*Dasein*) e não, pura e simplesmente, 'achar-se presente' (Heidegger). [...] O que caracteriza o seu existir (*Dasein*) como tal é a multiplicidade de distintas possibilidades, dentre as quais apenas uma única realiza no seu ser (FRANKL, 2010c, p. 121).

Podemos pensar na responsabilidade como limite para a liberdade, ou seja, a responsabilidade contém e determina as condições da liberdade. Essa posição revela que Frankl não é ingênuo ao tratar o tema da liberdade, pois como ele próprio afirma, existe liberdade apesar do determinismo. A liberdade é um fenômeno humano e, por isso, é limitada. O humano só existe devido a certas condições limitadoras biológicas, psicológicas e sociológicas; estes condicionamentos identificam o homem. Mas ele é livre para escolher posições frente aos condicionamentos, conforme relata Frankl (2005, p. 42):

> A liberdade é também inteiramente humana. A liberdade humana é uma liberdade limitada. O homem não é livre de certas condições. Mas livre para tomar posições diante delas. As condições não o condicionam inteiramente. [...] Ele pode até superar as condições e, assim fazendo, abrir-se um caminho e penetrar na dimensão humana. [...] sou plenamente consciente dos limites aos quais o homem está sujeito pelos condicionamentos biológicos, psicológicos e sociológicos. [...] O homem não é subjugado pelas condições diante das quais se encontra. Ao contrário, são elas que estão submetidas às suas decisões. De maneira consciente ou sem perceber-se, ele decide se enfrentará a situação ou se cederá a ela, se vai deixar ou não se condicionar inteiramente por ela.

O homem pode decidir diante das condições sociológicas a que é submetido. Ele tem a liberdade de dar forma singular a suas determinações. Estas decisões não devem ser condicionadas. Se isto ocorre, então, caímos em um *regressus in infinitum*, como afirma Frankl (2011a, p. 72). É possível, seja qual for o caso, que o ser humano conserve a liberdade e a possibilidade de decidir a favor ou contra a influência do meio ambiente. Obviamente, isso não quer dizer que os indivíduos estejam totalmente livres da possibilidade do condicionamento, mas sim, que a eles cumpre a decisão de submissão, re-significação, confronto, consentimento ou mudança dos determinantes ambientais.

Na obrigatoriedade do indivíduo estar inserido no meio social, ele tem e nutre uma missão pessoal, a de preencher as lacunas no mundo. Frankl observa que cada pessoa é única não somente por suas características individuais, mas também pela missão particular que possui (2010c, p. 91). Essa percepção caminha na direção oposta à da massificação. O ser humano possui a necessidade de engajamento pessoal para com a vida. Esta necessidade surge do espírito comunitário bem direcionado, tendo como princípio o esforço de todos.

Os processos de massificação eliminam a singularidade da pessoa, fazendo de cada indivíduo uma simples cópia do outro. Na massificação não é possível encontrar a singularidade, a diversidade, a ação e as atribuições individuais. É longe das massas e próximo à comunidade que o ser humano tem a possibilidade de renascer para a vida individual e coletiva.

Para Rabuske o ser humano é capaz de tornar-se ele mesmo, assumindo sua responsabilidade sempre em função de outro. No relacionar-se, sair de si em função do outro, o homem responde às necessidades de sua vida ajudando o outro nas necessidades que lhe são próprias (2001, p. 153). Na vida em comum, os homens e as mulheres encontram a capacidade de amar, cuidar do semelhante e de aprender e ensinar a conviver. Não existe o condicionamento comunitário, tampouco o condicionante individual ou, ainda, as ações pura e simples proveniente dos impulsos condicionados ou não. Coletividade e indivíduo fazem parte de uma mesma realidade. Ambos estão para realizarem-se, como pessoa e como grupo:

> O sentido da individualidade só se atinge plenamente na comunidade. Nesta medida, o valor do indivíduo depende da comunidade. [...] a individualidade intervém na constituição do sentido da comunidade e que, por outro lado, intervém esta também na constituição do sentido da primeira (FRANKL, 2010c, p. 116).

Frankl ressalta a singularidade dos seres humanos. O significado desta individualidade, o sentido da personalidade humana, é sempre orientado em relação à presença marcante da comunidade. O sentido da pessoa humana como ser de personalidade, livre e responsável está fundamentado e tem como ponto de referência a comunidade. Esta, por sua vez, não massifica, tampouco retira a responsabilidade de ser do indivíduo. Cumpre aos indivíduos a difícil tarefa de manutenção dos seus papéis, peculiaridades, interesses ou mesmo de mudanças da sociedade.

Aqui se percebe a necessidade que a comunidade tem de indivíduos capazes de fazer valer a sua existência individual. Longe disso, não há sentido. É esse fenômeno que, essencialmente, distingue a comunidade da massa. A comunidade não é um simples acordo em que cada qual cede um pouco na satisfação de seus interesses, adiando-os em função de uma necessidade coletiva. Ela é um diálogo, nos quais os interesses próprios de cada um se tornam objeto de uma reflexão coletiva em função de uma realização pessoal. O indivíduo e a comunidade se fundem na busca de um mesmo objetivo pessoal e coletivo. Um não exclui o outro. Há uma relação entre indivíduo e comunidade. É nesta última, na comunidade, que o ser humano deve buscar a realização, o sentido e o significado de ser pessoa.

O homem quer conhecer a si mesmo. O caminho para se obter este conhecimento está na relação com a comunidade. É ao tomar consciência de que se é um ser social que o homem se percebe como alguém aberto para o mundo. Na definição de Rabuske (2001, p. 72) constata-se que:

> Quanto mais o homem sai de si, mais profundamente consegue penetrar em si mesmo. Quando o homem se coloca diante do 'totalmente Outro' [...] então realiza a mais profunda autodescoberta que lhe é possível. Toma consciência do que ele é, pode ser e deve ser.

A massa não tolera a individualidade, tampouco a existência individual. Ela conduz o indivíduo a uma vivência subjetiva, o indivíduo torna-se objeto do meio. Assim, ele não predispõe de possibilidades para encontrar em si mesmo caminhos para uma identidade, para um sentido. Ao passo que a comunidade tem um perfil, uma identidade; a massa é carente de personalidade, de identificação coletiva e humana. Ela sacrifica a individualidade e sufoca a personalidade, tendo por alicerce mecanismos de nivelamento, na tentativa de proporcionar uma equivalência entre os seres humanos.

Nos processos de massificação, a possibilidade da liberdade e da responsabilidade pessoal é driblada, o ser humano é despersonalizado ao máximo. A massa homogeneíza e não valoriza a originalidade que existe em cada ser humano. Absorvido pela massa, o ser humano vê perdido o que lhe é mais peculiar: sua liberdade e sua responsabilidade. Em contrapartida, na comunidade ele tem a possibilidade de escolher, agir responsavelmente e assumir os rumos da própria ação. É neste ponto que Frankl defende na logoterapia a principal diferença entre a comunidade e a massa: "Uma verdadeira comunidade é essencialmente comunidade de pessoas responsáveis, ao passo que a pura massa é apenas uma soma de seres despersonalizados" (2010a, p. 118).

A logoterapia e análise existencial compreende o ser humano em seu sentido mais profundo como ser responsável. A responsabilidade é a característica fundamental da pessoa. Como já afirmou Frankl (2010a, p. 17):

> Explicamos que não é o ser humano quem faz a pergunta sobre o sentido da vida, mas, ao contrário, o próprio ser humano é o interrogado, é ele que deve responder, que deve dar respostas às eventuais perguntas que sua vida possa lhe colocar.

No entanto, as respostas a estas perguntas só podem ser feitas por meio de atitudes ou de ações. São respostas dadas pela responsabilidade assumida diante da existência em cada situação. É certo que a existência só pode "ser" se for responsável. Esta responsabilidade não se situa somente na ação, mas necessariamente no presente – aqui e agora. Ela tem, como finalidade, conscientizar o ser humano de seu ser responsável ou conduzir diante de sua consciência o caráter de responsabilidade da sua existência. Portanto:

> O homem é livre para responder a essas perguntas feitas pela vida. Mas essa liberdade não pode ser confundida com arbitrariedade, mas interpretada sob o prisma da responsabilidade. O ser humano é responsável por dar a resposta certa para as perguntas, encontrando o verdadeiro sentido de uma situação (FRANKL, 2011a, p. 81).

Na antiguidade, os filósofos gregos afirmavam que se existe algo de livre no ser humano, isto seria certamente algo negativo. Eles entendiam a vida como aspiração pela verdade e para verdade e, isto se dava pelo condicionamento e determinação. Se alguém não chegava à verdade era por falta de conhecimento. Esta falta, não lhes dava as atribuições necessárias para suas realizações, prejudicando assim, seu existir. O mundo era concebido como o local da ordem, totalmente condicionado às leis eternas, ao imanente. Não havia valor em tudo o que fosse particular ou contingente. Este pensamento é contrário ao qual se tem hoje como reflexão. Na atualidade, tem valor o que é contingente, o individual, o específico e o diferente. Ao contrário, tudo o que é determinado pelo meio é dominação e alienação. Se antes o que valia era a necessidade e não a liberdade, hoje no pensamento atual, o que vale é justamente o contrário. Rabuske observa que, em termos conceituais, hoje podemos conceber a liberdade como "a capacidade de decidir-se a si mesmo para um determinado agir ou sua omissão, respectivamente, para este ou aquele agir"

(2001, p. 89). Porém, somente uma liberdade em função de sua responsabilidade é caracteristicamente verdadeira.

2.1 UMA LIBERDADE QUE EXIGE RESPONSABILIDADE

O ser humano é um ser livre, escolhe livremente seu caminho. Não é determinado nem condicionado e, por isso, tem a responsabilidade em seus atos. Sem a liberdade o homem não é capaz de ser responsável. A liberdade e a responsabilidade diante da vida constituem o eixo principal da antropologia frankliana. A concepção que se faz delas, entretanto, inclui os obstáculos a serem enfrentados pelos próprios indivíduos:

> Toda liberdade tem um "de quê" e um "para quê". O "de quê", do qual o ser humano pode se libertar está em seu ser impulsionado; [...] O "para quê" da liberdade humana é sua responsabilidade. A liberdade de vontade do ser humano é, portanto, a liberdade "de" ser impulsionado "para" ser responsável, para ter consciência (FRANKL, 2010a, p. 48).

A liberdade é uma propriedade da vontade, do querer, da decisão incondicionada diante do meio. Ela deve levar o ser humano a realizar-se livremente sem o risco de perder-se em uma ilusão, provocando um vazio existencial. Libanio (2010, p. 113) ressalta que a liberdade necessita ser uma experiência livre de limites ou condicionamentos. Ele afirma que:

> A *liberdade de* carece de limites. Nenhuma criatura tem o direito de embargá-la. Nenhuma lei, nenhuma determinação humana, nenhuma instituição como tal podem ousar ter a pretensão de impor-se a ela. [...] O *para que* não limita a *liberdade de*, mas aponta para onde encaminhá-la a fim de ela se realizar como liberdade e não se perder no vazio. Total *liberdade de* a fim de vivermos a *liberdade para* o bem dos outros, para o plano de amor [...] Ai está o segredo da liberdade humana.

O ser humano torna-se sujeito diante de sua existência quando compreende o seu ser pessoa. Ser livre e plenamente responsável, em busca de sua transcendência. Só é possível compreender o ser humano em todos os seus aspectos, inclusive sua consciência, recorrendo à sua origem transcendente.

A liberdade humana possibilita ao homem o autodistanciamento, capacidade de distanciar-se de si próprio ou de circunstâncias factuais, para posicionar-se diante de seus condicionamentos psíquicos e biológicos. A liberdade está empiricamente ligada à capacidade de existir, de sair de si mesmo e se lançar para o mundo, para o infinito. O ser humano é alguém que se realiza ao tornar-se livre e responsável, pois assim, configura sua vida não em suas próprias realizações, mas na realização de sua vida no meio em que se está situado. Este caminho de realização torna-se possível quando o homem vai além de suas particularidades e inseguranças. Como nos lembra Comblin (1998, pp. 244-245):

> Se o passo fundamental da liberdade é a libertação de si próprio, do medo, da covardia, dos desejos, entende-se que o agir libertador seja o serviço ao Outro. [...] O único serviço válido é ser livre, preparar as condições que abrem caminhos para a libertação pessoal.

A autotranscendência da existência confere ao homem a qualidade de um ser, o qual se move em uma busca para além de si mesmo. O ser humano é capaz de transcender a si mesmo tanto em direção ao outro quanto em busca de sentido; "a autotranscendência constitui a essência da existência. Ser humano é ser direcionado a algo que não a si mesmo" (FRANKL, 2011a, p. 67).

Se o ser humano é definido como ser no mundo, então podemos dizer que ele é alguém que está na realidade, no factual, no aqui e agora da história. É alguém que pode compreender razões e significados. Se o homem for visualizado como um sistema fechado, se excluem as razões e os significados, permanecendo somente as causas e efeitos. O efeito é a redução de suas atitudes como se fossem nada mais que reflexos condicionados ou simples respostas aos estímulos. As causas são representadas por processos de condicionamentos ou por pulsões e instintos. Porém as pulsões e os instintos impulsionam e, as razões e os significados atraem. Se o homem fosse um sistema fechado seriam constatadas apenas as forças que impulsionam e não os motivos que atraem. No entanto, na observação da realidade, percebemos que o homem não é um sistema fechado, mas sim, totalmente aberto. Esta abertura apresenta uma expressão particular através da autotranscendência: a autotranscendência "da presença humana é refletida, por sua vez, na qualidade 'intencional' dos fenômenos humanos [...] Os fenômenos humanos indicam e se referem a 'objetos intencionais'" (FRANKL, 2005, p. 47).

Ao negar a autotranscendência, desfigura-se a própria existência, materializando-a e despersonalizando o ser humano. O sujeito se torna objeto, impedido de relacionar-se com metas intencionais em termos de valores e significados em função de motivos e razões. Negando a autotranscendência, os motivos e as razões são substituídos por processos de condicionamentos, o que torna o homem um ser manipulado, sem uso de liberdade.

O ser humano torna-se sujeito diante de sua existência quando compreende corretamente o seu ser pessoa, que é ser livre e plenamente responsável, em busca de sua transcendência. Só é possível compreender o ser humano, em sua ontologia, em todos os seus aspectos, inclusive sua consciência, recorrendo a sua origem transcendente. Para explicar a condição humana de ser livre é necessário basear-se na sua existencialidade; porém, para explicar a condição humana de ser responsável, faz-se necessário recorrer à transcendentalidade de ter consciência.

O ser humano se realiza em face de um sentido a ser preenchido e de valores a se concretizar. Ele vive por seus ideais e valores. Sua existência não é autêntica a menos que seja vivida de maneira autotranscendente. O sentido é relativo na medida em que se relaciona com uma pessoa específica, a qual está enredada em uma situação singular. Verifica-se, com isso, que "o sentido difere, primeiramente, de homem para homem e, depois, de dia para dia e, de fato, até de hora para hora" (FRANKL, 2011a, p. 72). O caráter de algo único não é só de uma situação especifica, mas da própria vida como um todo, pois, ela sempre se apresenta como uma sequência de situações únicas. É um ser único tanto em essência como em existência. Esta singularidade da vida se dá no ser responsável do homem, pois:

> A responsabilidade do homem, conscientizada, assim, pela análise da existência, é uma responsabilidade em vista da irrepetibilidade e do referido "caráter de algo único" da sua existência; a existência humana é um ser-responsável em vista da sua finitude. [...] esta finitude da vida, enquanto finitude temporal, não a torna sem sentido; pelo contrário, [...] é a morte que dá sentido à vida (FRANKL, 2010c, p. 119).

O homem não pode sair do espaço de destino concreto que nele confirma sua característica individual. Conceitua-se como destino tudo aquilo que escapa essencialmente à liberdade do homem e que não fica sob o seu poder nem sob a sua responsabilidade: inclui a constituição de seu ser psicobiológico, sua origem, os fatos contidos em seu passado em ações recebidas ou em atos praticados. Existe um sentido no destino que deve ser descoberto por cada um. Dentro deste espaço o homem é insubstituível e, isto gera sua responsabilidade na realização de seu destino que é irrepetível. Não há quem tenha as mesmas possibilidades que ele e, nem ele mesmo retornará a tê-las.

A liberdade só é possível frente ao destino, frente aos fatos existenciais. O ser humano é livre quando tem um comprometimento com seu destino e busca realizá-lo naquilo que o identifica. Busca transfigurar com atos e atitudes o que, no passado, não pode ser refeito, mas pode ser ressignificado no presente. A liberdade exige vínculos que, obrigatoriamente, não significam condicionamentos. Ao definir o homem, pode-se caracterizá-lo como o ser que vai se libertando daquilo que o determina; como o ser que transcende todas as determinações, dominando-as ou configurando-as, ainda que, também, dependa delas.

A liberdade de decidir se faz óbvia para alguém que tem uma experiência vivencial e imediata de si, como ser livre. Conceitua-se como destino tudo aquilo que escapa essencialmente à liberdade do homem e que não fica sob o seu poder nem sob a sua responsabilidade. Não se pode esquecer que toda liberdade humana depende do que há de fatalidade e, aqui está incluso tudo o que é passado. O homem também é livre em face do passado e, na mesma medida, em face do que é factual.

Como afirmado anteriormente, embora o passado não possa ser eliminado, pode tornar compreensível o presente, e o futuro, não é exclusivamente determinado por ele. O homem tem a liberdade de assumir diante do passado uma atitude fatalista ou de aprender as suas lições. Frankl (2010c, p. 124) diz: "nunca é tarde demais para aprender, mas também nunca é demasiado cedo; sempre se está, enfim, 'na hora H'". É a inalterabilidade do passado que se transforma em destino e, é isso que torna estática a liberdade humana. Este destino tem que motivar a uma ação consciente da responsabilidade.

O que é fato, na vida, apresenta-se ao homem sob três formas: nas disposições, nas condições e nas atitudes. A isto, temos o destino caracterizado sob três aspectos: destino biológico para as disposições, destino sociológico para as condições e destino psicológico para as atitudes. O destino biológico é para a liberdade humana, algo a ser configurado. Sua disposição está para o homem até seu sentido último. O sentido à vida do homem se realiza na luta entre sua liberdade e seu destino, tanto interior como exterior. O destino sociológico também conserva uma margem de livre possibilidade de decisão, já que a possibilidade de condicionamento não priva o uso da liberdade, quando se decide com responsabilidade. O destino psicológico, da mesma forma, evoca no homem uma atitude livre em vista do que nele existe, seja de caráter físico ou anímico. Assim, a liberdade vincula-se com a autotranscendência e, consequentemente, com a dimensão espiritual.

A liberdade de atitude não é descaracterizada perante uma situação real, mas é caracterizada por uma atitude tomada a partir desta realidade quando não se escolhe a desistência. Seja qual for à situação, o homem conserva a liberdade e a possibilidade de decidir a favor ou contra a influência do meio ambiente. Essa liberdade e responsabilidade estão sempre a sua disposição. Quando determina responsavelmente uma situação em função da realização de valores, assume uma missão fortalecendo-se na dimensão espiritual, preservando-se da possibilidade de sucumbir, frustrando-se.

A ciência vê no homem um organismo psicofísico e não uma dimensão espiritual. Muito menos é capaz de ver a autonomia espiritual que caracteriza o propriamente humano, apesar da dependência psicofísica para sua expressão. A ciência, incluindo a psicologia científica, vê somente a dependência do tempo. No lugar da autonomia da existência espiritual, vê o automatismo de um aparato psíquico focando apenas as necessidades. No entanto, o homem como tal, está sempre entre as necessidades e as possibilidades. Ele pode posicionar-se de maneira livre diante das necessidades, porque pode transcendê-las.

A necessidade e a liberdade não se encontram de modo algum num mesmo plano, não se pode constatar sua autonomia em um plano que se encontra a dependência do homem.

O ser humano é a totalidade de corpo, alma e espírito. Na psicoterapia deve considerar-se a totalidade uma vez que, na terapêutica, se encontra a dimensão física juntamente ao anímico e ao espiritual.

Aqui é importante lembrar que também se pode relacionar a totalidade do ser humano em suas três dimensões, às três possíveis formas de atitude: sexual, erótica e de amor. Na atitude sexual é a aparência física do outro que desencadeia o impulso sexual a partir de sua corporeidade; Na atitude erótica é mais do que o aspecto físico, é um sentimento despertado pela paixão como resposta de uma ação anímica orientada pelo psíquico; Na atitude de amor o que temos é a mais profunda correlação na estrutura entre duas pessoas, como algo de espiritual.

2.2 UMA LIBERDADE PARA ENCONTRAR SENTIDO

A atitude do amor torna o ser humano capaz de sair de si para o outro. Neste gesto, o homem faz uso de sua liberdade na liberdade, como deve acontecer no centro de todo ato existencial. Só assim, o ser humano é capaz de tornar-se um ser responsável, uma vez que a consciência da dimensão espiritual leva o ser humano a vivenciar com êxito sua liberdade. Nesta, encontramos a disponibilidade do indivíduo em função de outro. Conforme se pode constatar:

> O amor recebido dos demais é um dos fatores mais importantes do desenvolvimento e equilíbrio da pessoa [...] O ser humano só se realiza na entrega de si mesmo aos demais; só possui a si mesmo na abertura ao próximo; só se aperfeiçoa interiormente na intersubjetividade da relação "eu-tu" (GRIFFA; MORENO, 2010b, p. 210).

O amor é um ato, que caracteriza a existência humana no que ela tem de mais humano, é um ato existencial. Ele é mais do que um estado de sentimentos, é um ato intencional. O amor é a experiência básica que caracteriza o ser humano como ser de relações para a convivência humana e social. Nele "a pessoa espiritual adquire forma, precisamente, dando forma aos seus modos de expressão e manifestação anímica e corporal" (FRANKL, 2010c, p. 181). A corporeidade pode exprimir no homem seu caráter enquanto elemento anímico e o seu caráter pode exprimir a pessoa enquanto elemento espiritual. O ser humano, em sua existência, deve procurar responder com a própria vida as indagações para sua felicidade que será consequência da realização de uma missão possível somente a quem ama, nunca podendo ser imposta como exigência ao ser amado. A existência humana está na realização essencial do homem quando este, espontaneamente, assume sua responsabilidade, de maneira particular, diante de seu potencial afetivo-sexual.

> O sentido é um muro, para trás do qual não podemos continuar a retroceder e antes pelo contrário temos que aceitar: este sentido último, temos que admiti-lo, já que as nossas perguntas não podem recuar mais, indo além dele; e isto precisamente porque basta tentarmos responder a questão do sentido do ser para já estarmos pressupondo o ser do sentido (FRANKL, 2010c, p. 299).

O ser espiritual transcende suas buscas para a realização do sentido de sua vida. A capacidade de autotranscendencia lhe confere a liberdade de assumir sua responsabilidade livremente na relação com o divino, com a comunidade, com sua própria consciência ou qualquer outra instância. Esta liberdade leva o homem a assumir, com autonomia, a sua responsabilidade tornada consciente, enfrentando seus deveres característicos e encontrando o sentido de sua vida, agora não mais em caráter anônimo, mas único e irrepetível.

Como sabemos, o sentido da vida pode ser encontrado na vivência dos valores, onde cada pessoa o experimenta na medida em que os realiza. Não podemos esquecer que também se descobre o sentido da vida por meio da experiência de algo como a bondade, a verdade e a beleza e, ainda, no contato com a natureza e a cultura e, também, no contato com outro ser humano em sua originalidade única pelo amor. Para Frankl (2011b, p 136) o "Amor é a única maneira de captar outro ser humano no íntimo de sua personalidade. Ninguém consegue ter consciência plena da essência última de outro ser humano sem amá-la".

O sentido da vida pode, ainda, ser encontrado na experiência do sofrimento como quando nos confrontamos com uma situação sem esperança ou quando enfrentamos uma fatalidade que não pode ser mudada. O sofrimento, de certo modo, deixa de ser sofrimento no instante em que encontra um sentido, como o sentido de um sacrifício.

> O que se quer da pessoa não é aquilo que alguns filósofos existenciais ensinam, ou seja, suportar a falta de sentido; o que se propõe é, antes, suportar a incapacidade de compreender, em termos racionais, o fato de que a vida tem um sentido incondicional (FRANKL, 2011b, p.142).

O princípio da Logoterapia e Análise Existencial não está na preocupação da pessoa em obter prazer ou evitar a dor, mas antes em ver um sentido em sua vida. A busca por este sentido excede e ultrapassa a capacidade intelectual finita do ser humano, o que vem a ser o suprassentido.

3 A IDENTIDADE COMO SENTIDO DA VIDA

> Etimologicamente, "identidade" significa "a mesma entidade", "o mesmo ser"; pode-se dizer a "mesmice". Em termos semânticos, identidade é a "qualidade de idêntico", do completamente igual; em matemática, é a igualdade que se verifica sempre; em filosofia, o principio ontológico de identidade afirma que "toda coisa é igual a si mesma", o que supõe uma comparação implícita da coisa consigo mesma.
> Do ponto de vista psicológico, a identidade é um processo de construção, de aquisição de algo novo, embora seja uma mudança na qual permanece algo daquilo que já se foi. Essa aquisição ocorre sobre a matriz do dado e do já vivido, o que significa que toda aquisição é um processo de interligação entre ambos (GRIFFA; MORENO, 2010a, p. 235-236).

A identidade não se refere primeiramente à distinção ou diferenciação dos outros e do mundo, a não ser isto ou aquilo, ao fato da separação. Refere-se em principio a saber se uma presença que ocupa seu espaço, que coincide consigo mesma e, em consequência, diferencia-se do outro. A discriminação, a diferenciação ou a separação é possível porque há um alguém determinado. A diferenciação apresenta-se como consequência, e não como elemento que define a identidade. No entanto, essa presença não é presença total, não é plena, não esgota a realidade. Não podemos comunicar ao "outro" tudo o que somos.

A identidade é algo que se vai atingindo, implica um processo de formação. Esse algo que vamos alcançando não deve ser interpretado como algo que está aí adiante, e sim como descoberta e realização do que já estou sendo de alguma forma, como atualização de minha ordem própria, ou seja, de uma legalidade interior.

Embora a identidade faça referência a nós mesmos, há uma coincidência com aquilo que é o próprio, no processo de formação aparece necessariamente a referência ao "outro", ao "você". "Presença" significa um estado da pessoa que se encontra diante de outra ou de outras, de forma que a identidade como presença significa um apresentar-me aos outros e a mim mesmo de forma simultânea. O ser humano, desde sua gestação, coexiste com outros, e sua estrutura existencial é a co-presença, "somos com" e "somos para" outros.

O "outro", o "você", permite-nos reconhecer a nós mesmos, descobrir o que somos e responder de acordo com o que descobrimos. O "outro", em um certo sentido, age como um espelho, que permite que eu me reconheça e descubra a mim mesmo por meio do que vê em mim. Os outros representam modelos por meio dos quais, podemos incorporar atitudes e modos de ser que formam nossa identidade.

A identidade se desenvolve e têm momentos de crise, momentos decisivos no quais a pessoa questiona a própria vida. Completada cada etapa do ciclo vital, é necessário, de alguma forma, que eu deixe de ser o que estou sendo para poder ser o que eu devo ser. Ela é o processo pelo qual nos formamos como distintos daqueles aos quais nos assemelhamos. A identidade é parcialmente construída com base em identificações isoladas com pessoas significativas e imagens ideais do passado. A partir destas, se constitui algo novo, irrepetível, pois como nos recorda Frankl (2010c, p. 92) "cada homem, em todas as situações da vida, conta com um caminho único e irrepetível, pelo qual pode chegar à realização das suas mais peculiares possibilidades".

Concebendo o ser humano como uma unidade na multiplicidade – corpo, alma e espírito – e, sem desinteressar-se das manifestações psico-somáticas próprias do indivíduo, sabemos que a dimensão noética é a que, em última instância, define o homem. Se o realmente fundamental ao homem é a sua vontade de sentido, como força primária de sua vida e não uma racionalização secundária de seus impulsos instintivos, é o espírito que o orienta nesta busca, pautado em crenças, valores e tradições fortes, capazes de preencher o vazio do homem e de responder às suas interrogações. Toda a vida, em busca de seu sentido, deve pautar-se na realização dos valores de criação, de vivência e de atitude.

Sendo os valores de criação tudo de valioso com que o homem contribui para vida, os valores de vivência correspondem ao que de valioso a vida oferece ao homem e que este desfruta vivencialmente. Nestes dois valores a adjudicação do valor a cada circunstância corresponde à pessoa, que interage com a vida, dando e recebendo, segundo as possibilidades da realidade em que se desenvolve. Já os valores de atitude consistem precisamente na atitude que o homem adota perante alguma limitação de sua vida.

A preocupação do homem não deve procurar realizar-se ou outo-realizar-se, mas deve, primariamente, buscar conseguir realizar seus valores em plenitude. À medida que satisfazer ao sentido concreto e pessoal de sua própria existência, na mesma medida realizar-se-á a si mesmo. A realização pessoal ocorre espontaneamente, não por meio de intenção, mas antes, como efeito.

> O sentido é relativo na medida em que se relaciona a uma pessoa específica, que está enredada numa situação específica. Pode-se dizer que o sentido difere, primeiramente, de homem para homem e, depois, de dia para dia e, de

> fato, até de hora para hora [...] Esse caráter de algo único é uma característica não só de uma situação, mas da própria vida como um todo, já que esta se apresenta como uma sequência de situações únicas. Desse modo, o homem é único tanto em termos de essência como de existência (FRANKL, 2011a, p. 72).

O que constrói uma identidade? Se olharmos para uma realidade, perceberemos que ela tem elementos constantes, permanentes que lhe dão determinada configuração. Se os substituímos, ela deixa de ser ela mesma. A identidade é formada pela soma das realidades humanas, pessoais, sociais e culturais. É aquilo que dá sentido ao homem em sua particularidade, em sua essência. Com frequência usamos a palavra essência para caracterizar aquilo que é a identidade de um indivíduo.

Para compreendermos a identidade presbiteral é preciso saber e compreender sua essência. Ela se realiza no contexto existencial de cada pessoa que opta, a partir de seus valores particulares, na realidade da fé escolhida livremente, a partir de uma resposta frente a um convite para uma missão.

4 IDENTIDADE PRESBITERAL

A identidade da pessoa não se resulta daquilo que primariamente ela é, de seus esforços de concentração sobre si mesma. Sua identidade é resultado daquilo que se propõe para alguma causa, na realização de um trabalho específico, daquilo que a pessoa se propõe a ser.

A identidade começa a ser formada na concepção, é uma necessidade biológica, um impulso. A identidade se forma no desenvolvimento da pessoa. Em seu desenvolvimento, faz-se necessário os apontamentos de limites e responsabilidades, para que o indivíduo cresça formando-se para ser livremente pessoa. É na formação da identidade que se dá a formação da personalidade.

Na antropologia Frankliana a personalidade é entendida como uma estrutura aberta que tem como núcleo a pessoa e seu dinamismo único e irrepetível, com uma intencionalidade em busca de sentido. A pessoa é construtora de sua própria personalidade, pois ela está em busca de sentido. Esta busca é livre e também influencia na formação da personalidade, como a hereditariedade e o meio.

O conceito de personalidade sem uma interioridade, um núcleo, resulta num dinamismo psíquico sujeito somente a impulsos, instintos e sem liberdade. Viktor Frankl, ao considerar a estrutura da personalidade focando a vontade livre, demonstra que o ser humano é o construtor da sua própria personalidade.

Se a personalidade pode ser compreendida como a organização dinâmica no indivíduo dos sistemas psicofísicos que determinam seu comportamento e seu pensamento característicos, podemos compreendê-la como elemento fundante da identidade da pessoa. Frankl (2011b, p. 113) se interroga sobre o que vem a ser o ser humano e, assim o define: “É o ser que sempre decide o que ele é. É o ser que inventou as câmaras de gás; mas é também aquele ser que entrou nas câmaras de gás, ereto, com uma oração nos lábios”.

Existe algo além do meio ambiente e da herança que constitui o homem, ele é sempre aquilo que faz de si mesmo. Ele quem decide ser, ou seja, é a pessoa de si mesmo. Define e se assume num caráter, porém ele é uma pessoa, admite um complemento, formando sua personalidade. Na medida em que cada um dá sua resposta pessoal diante das suas disposições recebidas e diante da sua situação, vai construindo sua própria história e delineando sua personalidade, definindo, com isso, sua identidade.

O homem não é um ser que só obedece a impulsos inconscientes, nem um ser que só reage a estímulos externos. É um ser que responde, que dá a sua resposta pessoal. O ser humano se orienta para o sentido e é atraído pelos valores, e não impulsionado por eles. Para o ser humano as necessidades existem para orientá-lo e ordená-lo para um âmbito de objetos.

Somente à medida em que nos entregamos, nos sacrificamos e nos abandonamos ao mundo e aos deveres e exigências que a partir dele se introduzem em nossa vida, só na medida em que nos importa o mundo externo e os objetos - não a nós mesmos ou nossas próprias necessidades - só na medida em que cumprimos com obrigações e exigências e realizamos sentido e valores, nesta medida realizamos a nós mesmos.

As Sagradas Escrituras nos oferecem uma sólida fundamentação bíblica para a compreensão da identidade presbiteral. Os Evangelhos nos apontam uma série de passagens que mostram o chamado Divino, seguido pela resposta dada por aquele que foi chamado. O chamado e a resposta, elementos constitutivos do seguimento, são palavras marcantes dos quatro evangelistas e caracterizam uma atitude perante o Divino. Esta resposta é categoricamente, uma decisão, uma tomada de atitude diante da interrogação da vida. Frankl (2011b, p. 113) diz que "cada qual tem sua própria vocação ou missão específica na vida; cada um precisa executar uma tarefa concreta, que está a exigir realização". O presbítero precisa assumir e vivenciar com clareza este processo vocacional para que possa apropriar-se de uma autêntica formação à sua identidade.

A identidade presbiteral como mediador entre Deus e a humanidade, o provedor de sacramentos, o guardião do espaço sagrado e da verdade sagrada não define mais o presbítero. Hoje, segundo Cozzens (2001, p. 23), a identidade do presbítero em nossa sociedade está conflituosa e ambígua. Ele é o ministro da misericórdia de Deus, mas também é o porta-voz de pronunciamentos morais e éticos na sociedade. Sua presença vai do púlpito a inclusão social, de pregador clássico a comunicador midiático, do estilo solitário ao ministério colaborativo, da vida monástica (clausura) a presença nos grandes eventos da sociedade, da salvação de almas a orientação psico-social das pessoas.

Estas ambiguidades nos levam a perceber que o presbítero em sua realização ministerial, diante das congruências impostas por uma sociedade cética e agnóstica, precisa redescobrir-se não somente como o mediador entre Deus e a humanidade, o provedor dos sacramentos e o guardião do espaço sagrado. Ele precisa afirmar-se e ser sinal visível do encontro do humano com o Divino, sendo modelo para uma realização pessoal e comunitária a todos que buscam e querem encontrar uma orientação e caminho para uma realização livre e responsável na vida, na família e na sociedade.

A identidade do presbítero floresce ao passo que este se abre ao crescimento. Assim como a identidade pessoal de um indivíduo se desenvolve ao longo de seus estágios de desenvolvimento – do nascimento à infância, da adolescência à juventude, do início ao fim da vida adulta – também o presbítero deve buscar o amadurecimento de sua identidade como um ser em constantes transformações, tendo em vista é claro, sua índole ministerial e eclesiástica.

Como já afirmado, com frequência usamos a palavra essência para definir o que permanece na identidade. À medida que soubermos e compreendermos qual a essência do ministério presbiteral é que saberemos definir sua identidade, pois define-se pela sua essência. É sabido que no múnus presbiteral sua identidade já é definida pela Igreja. Bastaria nos atermos aos ensinamentos do magistério, nos concílios ou pelos pontífices e, eventualmente subsidiado pela teologia em diversos momentos na reflexão objetiva do ministério presbiteral.

Uma das preocupações que tornou inexequível a busca da identidade presbiteral na elaboração de sua essência vem da revolução hermenêutica, dos estudos históricos e da valorização de sua prática ministerial. Todo conhecimento supõe interpretação.

A maneira de tratar o ministério presbiteral a partir do conceito de essência, definido pela instituição, não é suficiente para obter a compreensão da sua identidade no momento atual, tanto pelo lado da rigidez como do da total fluidez. Com efeito, a identidade oscila entre dois extremos: uma mudança de elementos fundamentais onde se perde a identidade e uma fixidez rígida que não corresponde à nossa compreensão de realidade.

4.1 IDENTIDADE COMO RELAÇÃO

Recorremos, então, à ideia de relação. Ela tem a dupla qualidade de mostrar permanência e mudança. Para facilitar a compreensão da nova leitura e antes de pensar diretamente sobre o ministério presbiteral, tomamos como exemplo elucidativo a relação entre pai e filho.

Ela tem um aspecto definitivo. Permanece toda a vida, enquanto ambos viverem. Não se transforma em outra relação. Se o pai, por exemplo, por falsa compreensão de si se transforma num amigão do filho, conivente com todos os seus defeitos, dizemos que ele perdeu a identidade de pai. Não se trata do simples plano biológico, mas de um conceito amplo de pai. Por sua vez, pai e filho modificam, ao longo de toda a vida, a maneira de conduzir a relação sem perder a condição de filho e pai na sua verdade. A identidade permanece nas mudanças.

A dificuldade da reflexão consiste em entender como as relações se constituem e se mantêm na sua realidade fundamental no meio das transformações históricas. A lucidez pede que os polos da relação se entendam como dois diferentes que se enriquecem mutuamente. Nenhum se deixa subjugar, dominar pelo outro. Se o pai vira filho, acaba a relação. Desaparece a identidade. Se o filho assume o papel de pai, passa o mesmo. Os desequilíbrios doentios se originam precisamente de não se captar o jogo entre uma identidade em face de outra, que surge como diferente. Apenas, se ambas, conservam na própria singularidade, se enriquecem mutuamente. A simbiose impede o enriquecimento mútuo. Em vez de identidade, temos a mesmissidade. O mesmo de duas identidades as destrói.

Fenômeno semelhante de perda acontece pelo oposto. Dois diferentes se encontram como pedaços isolados, sem relação, caleidoscopicamente. Estar ao lado não significa relacionar. A pós-modernidade está a provocar outro problema grave. A ilusão da relação impede que os dois polos se questionem mutuamente. A identidade só se clarifica no encontro com outra identidade que, no caso, se transforma em alteridade, em diferença. O filho se forja como pessoa humana na relação permanente com o diferente dos pais. Se vivessem numa simbiose ou numa vida paralela não se estruturariam como pessoa humana equilibrada.

Neste sentido, nos deparamos com uma problemática: em função de que relação entender o ministério presbiteral? Aqui entram elementos institucionais, teológicos e sociológicos. E conforme se valorizam mais um ou outro, a figura presbiteral modifica-se.

Entende-se o ministério presbiteral como ofício instituído e outorgado pela Igreja nos moldes que ela mesma define. A relação com o Divino se faz pela mediação histórica da Igreja, que ao longo dos séculos, orienta a maneira de exercer-se tal ministério. No Ocidente romano, vinculou-se ao celibato. Naturalmente tal vinculação não reduz o celibato a simples aspecto institucional. Reconhece-se nele, como a Igreja enquanto um todo, obra da graça divina manifestada na entrega pessoal, radical e definitiva que a pessoa faz em sua resposta vocacional.

A instituição insiste na causa eficiente, enquanto a teologia privilegia a causa final. De maneira concreta, em lugar de perguntar-se por quem confere o ministério, interessa saber a quem serve tal ministério. O ministério presbiteral, nesse caso, se caracteriza como serviço aos fiéis. Ao olhar primeiramente para estes fiéis, a quem o presbítero serve, a sua identidade se modifica profundamente. Não se apresenta como alguém dotado de um poder sagrado transmitido e recebido a ser exercido, mas como uma pessoa voltada para a comunidade. Como essa se mostra altamente cambiável, o ministério também entra na mesma dinâmica.

Cada presbítero carrega em si o próprio histórico existencial. Este se constrói desde a carga hereditária, passando pelos anos fundamentais da primeira infância, até a idade presente. Assim ele se aproxima do ministério presbiteral. Não tem exatamente as mesmas perguntas que a Instituição imagina e para as quais tem respostas prontas. Antes, levanta continuamente outras que, não raro, chocam com o modelo presbiteral traçado para ele. Neste choque, estão os riscos da perda de identidade.

Há pessoas, culturas, segmentos religiosos que se moldam facilmente à realidade com que se deparam. Falta-lhes autoestima básica e autoconsciência dos próprios valores para resistirem na própria identidade ao impacto de fora. Facilmente, estabelecem certa negociação, ao aceitar parte do que vem de fora e ao rejeitar outra. Mas o fazem por meio de jogo político de buscar convivência pacífica, sem dar-se ao trabalho de diálogo crítico e positivo. No fundo, não se institui nenhum confronto dialético. Neste caso, a pessoa se acomoda sem mais à cultura atual pós-moderna.

Em relação ao exercício do ministério presbiteral, a influência impositiva de fora vem tanto do setor secular quanto do religioso. Em ambos os casos, o presbítero se acomoda a esse impacto, sem submetê-lo a alguma instância crítica. Sob o nome de obediência, de submissão, renuncia em parte, à identidade elaborada reflexa e conscientemente. E o que acontece com a identidade presbiteral?

Esta identidade encontra-se em condições delicadas, pois tem sofrido embates antagônicos. De um lado, temos presbíteros que, com todas suas forças, se esforçam em viver de maneira completa sua resposta à missão opondo-se à cultura pós-moderna, por ela estar diluindo a concepção de serviço e de entrega comprometida. Não aceitam a "cultura líquida" da pós-modernidade. Guardam a seriedade sólida da vocação. De outro, temos presbíteros que veem este convite de uma resposta, com seriedade a missão, como imposições eclesiásticas. Estes presbíteros acolhem este convite de vida responsável e livre como injunções extrínsecas inassimiláveis pela própria identidade, rejeitam-nas em nome da fidelidade pessoal assumida. Em alguns casos, tocam as raias da "objeção de consciência" em face das determinações institucionais eclesiásticas.

Entre esses dois antagonismos, situa-se a posição crítica de abertura e de diálogo. Não capitula em face do diferente dominante em nível pessoal e cultural. Recorre à lúcida consciência judicativa que conjuga a reestruturação de valores, de imagens, de comportamentos em perspectiva nova sem abrir mão da originalidade e singularidade de si e de sua cultura. A identidade reestrutura-se processual e historicamente. Isso acontece, quando se mantém a dialética da conservação da própria identidade com as modificações pedidas pelo processo e pelas novas situações históricas.

A pós-modernidade dificulta essa relação por produzir nas pessoas e nas coletividades o medo da decisão. Na modernidade o homem era levado a tornar-se autônomo, conquistador, "senhor de si". Era sujeito de decisões, pensava-se como alguém em construção. Na pós-modernidade, ele situa-se no lado oposto. É, sempre, alguém em desconstrução, fragmentado, parece que se lhe impõe uma perda de consistência. A identidade diluiu-se, fragmentou-se, constitui-se em pedaços. O homem tornou-se um mosaico desconstruído, perdeu a dimensão de sua história. Cada momento se torna único.

Identidade significa, precisamente, que as ações de hoje se fazem por nós mesmos, a partir de nossas decisões. Estas devem ser assumidas responsavelmente em nossa história, hoje e amanhã. Aqui, vale recordar a afirmação de Frankl (2010c, p. 96) recordando que o homem não pode permitir-se como alguém indiferente às prerrogativas da vida, pois o que "o que o homem tem que fazer não é interrogar, mas ser interrogado pela vida e à vida responder: o homem tem que responder à vida, tornando-se "responsável"".

A pós-modernidade, em continuidade neste ponto com a modernidade, caracteriza-se fundamentalmente pelo individualismo. Individualismo este que afeta consideravelmente o presbítero em sua identidade.

Se na modernidade o individualismo tornou-se sua ideologia, na pós-modernidade ele exacerbou-se e adquiriu novas configurações. Antes o indivíduo unificava a realidade. Agora ele prefere a contradição, o dissenso, a divergência, a indiferença, em face dos outros, a ambiguidade, os pequenos prazeres e sua realização neles. Ou se exige uma identidade mais consistente para resistir a tantos paradoxos ou aceita aniquilar-se e não fazer valer a própria identidade.

O individualismo pós-moderno entrou pelas novas sendas do virtual. Que tipo de identidade se constitui e se elabora quando se substitui o confronto pessoal pelo virtual? O outro com em sua presença física impacta-nos e dificulta a mentira da relação. A verdade do face a face acaba por parecer.

No contato real a identidade se enriquece e se fortalece. Diferentemente acontece com os encontros virtuais. Facilmente os sujeitos, em uma relação virtual, são tentados a forjarem sua identidade em vista de uma realização. Nunca se tem certeza da pessoa com quem se dialoga. Pode-se levar longe um relacionamento de mentiras, forjando experiências, sensações que não se dão. O engano envolve os dois lados. Identidades provisórias, artificiais, mentirosas.

Como é fácil notar que, cada vez mais, a *Internet* com sua pluralidade de recursos e invenções, tem absorvido o tempo das pessoas. Isto também tem atingido a identidade presbiteral. As consequências importantes se notam em nível das relações e na percepção das coordenadas de tempo e espaço. O presbítero entendia-se na cultura tradicional como alguém disponível no tempo e no espaço da comunidade. A comunicação virtual modificou fortemente esta compreensão e disponibilidade de tempo e espaço na vida presbiteral. As relações virtuais substituem, em alta escala, as reais.

Há, sem dúvida, a face positiva de tal movimento. Abre-se um campo apostólico novo por essa via. Não significa, notoriamente, investimento do tempo em futilidades ou curiosidades. Cabem relações virtuais sérias em que mensagens se transmitem, orientações se oferecem, informações preciosas se veiculam. Também no campo virtual, é possível se chegar a tantos que necessitam de acolhimento e servidão.

4.1.1 Identidade como realização vocacional

Na identidade do presbítero cresce a tensão entre vocação e profissão. A etimologia dá-nos primeira aproximação. Vocação esconde na raiz a palavra latina *vox-vocis*, em português voz. Por que clama tal voz? No nível psicológico, por realização, como resposta a vida que o interroga a encontrar uma vida com sentido. No plano teológico, ela se identifica com a ação do Espírito que nos move para a entrega de nós mesmos aos outros. Na dupla dimensão, vocação não se mede por realidades de fora. É algo que brota de dentro. Não se prende a normas ou regras de tempo e espaço. Empenha a vida na totalidade, mesmo que nos sintamos divididos.

O presbítero torna-se capaz de assumir sua vocação, sua missão, quando encontra o sentido de sua vida. O encontra quando se permite, conscientemente, ouvir a voz de sua consciência que o interroga para sua missão.

> Ora, o instinto que, como vimos, conduz o homem às missões da vida que lhe são mais peculiares, guia-o também na resposta às perguntas da vida, na responsabilidade pela sua vida. Este instinto é a consciência. A consciência tem a sua "voz". "Fala-nos", – eis um fato fenomenicamente indiscutível. Acontece, entretanto, que o falar da consciência é sempre e em cada caso um responder. E aqui, considerado psicologicamente, o homem religioso é aquele que, ao atender ao falado, experimenta a vivencia de alguém que lhe fala [...] no colóquio com a sua consciência – essa conversação mais íntima que se dá a sós consigo mesmo – o seu Deus é o interlocutor que o acompanha (FRANKL, 2010c, p. 97).

O sentido não só precisa, mas também deve ser encontrado, e na busca pelo mesmo é a consciência que deve orientar a pessoa. Sendo a consciência um órgão de sentido, ela pode ser definida como a capacidade de procurar e descobrir o sentido único e exclusivo oculto em cada situação.

O que a consciência faz ao encontrar o sentido único numa situação é, ao que tudo indica, perceber uma *gestalt*; ela descobre configurações de sentido não só no real, mas também no possível, baseado no que chamamos de vontade de sentido. Entretanto, sentido não se refere apenas a uma situação determinada, mas também a uma pessoa determinada que esteja envolvida numa situação determinada. É preciso que a pessoa se conheça para poder realizar sentido.

> Sentido não pode ser dado, mas precisa ser encontrado. [...] O sentido da vida não pode ser inventado, ele precisa ser descoberto.
> Ninguém nega que o ser humano, dependendo das circunstancias, não consegue entender o sentido, mas precisa interpretá-lo. Isso não significa que essa interpretação seja arbitrária. Afinal, para cada pergunta somente existe uma resposta, isto é, a correta; pra cada problema há somente uma solução, ou seja, a válida, e assim também para cada situação somente há um sentido, a saber, o verdadeiro (FRANKL, 2010a, p. 83).

Quando, conscientemente, se começa perceber o sentido da vida, se pode tomar decisões que influem para sua realização. Para o presbítero, esta decisão leva-o a responder e experimentar, de maneira vital, sua resposta vocacional dada ao convite que lhe foi feito pela própria vida. Sua resposta é sua vocação. E, esta se realiza na concretude de sua missão no encontro consigo, com o outro e com Deus. Como observa Maria von Ebner-Eschenbach: "Sê senhor da tua vontade e servo da tua consciência!" (FRANKL, 2010a, p. 48).

A profissão, por sua vez, transita em outro departamento. A etimologia nos fala de *pro+fateor*, confessar, mostrar diante. Que coisa e diante de quem? Exibimos um ofício, um trabalho, uma capacitação diante da sociedade pela qual somos reconhecidos. O olhar de fora se faz fundamental. As sociedades criam instituições para regulamentarem, reconhecerem as profissões e não as vocações.

As profissões submetem-se ao tribunal da interioridade, da consciência e no máximo de alguma instituição que revalida, mas não confere um movimento interior para encontro do sentido. A vocação, por sua vez, nasce do jogo misterioso da graça divina e da disposição da natureza psíquica em encontrar valores e realizar sentido.

Refletindo diretamente sobre a vocação presbiteral, percebemos crescente deslocamento para o aspecto profissional, mesmo que não se diga. O fato de lentamente ir-se introduzindo a ideia de jubilação, de aposentadoria, de renúncia, de tornar-se emérito, revela subliminarmente que se trata antes, de uma profissão, ao invés de uma vocação, da parte da instituição que confere o *status* presbiteral. Porém, muitos presbíteros, como que reagindo à redução da vocação ao aspecto profissional, continuam em plena atividade depois de celebrar os destacados jubileus e aposentadorias, apontando que o sentido da vida está em viver responsavelmente a vocação presbiteral enquanto a vida lhe for hábil física e psiquicamente.

À medida, porém, que o presbítero se sentir realmente isento de qualquer atividade por ter cumprido um tempo cronológico, torna-se mais claro o caráter profissional de sua função. Nada impede que este se dedique a outras funções bem alheias ao presbiterado. Talvez o exercício do seu ministério lhe soasse mais como profissão do que como vocação. Mas isso não pode ser regra aplicada de maneira generalizada, visto que em muitas localidades, o presbítero se vê na necessidade de cumprir outras funções no próprio auxílio à instituição, a qual efetivou o vínculo vocacional.

Nesse momento, põe-se sob outra perspectiva a questão da vinculação do celibato com a vida presbiteral. Celibato implica consagração de vida, portanto, vocação. Dele não se aposenta, nem se torna emérito. Como vinculá-lo então a vida presbiteral, percebida antes como profissão?

Na atual cultura da competência, da competitividade, da eficiência, da produtividade, do resultado, aparece ainda mais claro o corte entre vocação e profissão. Esta, pede cada vez mais capacidade de realização. Daí a multiplicação de exigências profissionais e acadêmicas: cursos técnicos, graduação, especialização, mestrado, doutorado, etc.

Coloca-se séria questão para o presbítero. Encontra-se em jogo realmente a vocação e a consequente e inteligível vinculação com a dedicação de toda vida pela via do celibato ou se desloca cada vez mais o acento para o lado profissionalizante e o celibato aparece como apêndice artificial, imposto institucionalmente. Se a vida presbiteral é vocação, como vivê-la até o extremo da vida, sem nunca abandoná-la?

Isso envolve postura existencial e teológica bem própria. A realização humana e a vida vocacional se associam interna e externa definitivamente a tal ministério. Mesmo reduzido nas forças e nas possibilidades físicas, o presbítero permanece na intencionalidade e disposição interna permanente de sua vocação.

> O interesse preponderante do ser humano não é por quaisquer condições internas dele próprio, sejam elas prazer ou equilíbrio interior, mas ele é orientado para o mundo lá fora, e neste mundo procura um sentido que pudesse realizar ou uma pessoa que pudesse amar. [...] e ele se esquece de si próprio novamente à mesma medida eu se entrega a uma causa à qual serve, ou a uma pessoa que ama (FRANKL, 2010a, p. 99).

Se visto antes como profissão, entram em questão os deslocamentos e as mudanças nas suas obrigações internas. Exercem-se as funções com o máximo de zelo, de competência, de dedicação, mas sem a dimensão de definitividade e de entrega afetiva da vocação. Tem sentido distinguir cada vez mais as horas dedicadas ao ministério de outros momentos tanto relativo ao tempo e ao espaço. Assume-se o ministério de tal hora a tal hora e em tais lugares. Fora desses horários e lugares, a pessoa leva outro tipo de vida. A cidade moderna impõe cada vez mais semelhantes cortes. Vocação implica envolvimento de vida, afetivo, existencial. E na perspectiva teológica, há um compromisso em âmbito transcendente, com o Divino, ao assumir a vocação.

4.1.2 Identidade e sexualidade

A vivência humana é corpórea, sexuada e sexual. Somos seres separados e diferentes: homens e mulheres. É ambígua e conflitante. Solicita nossa atuação, como sujeitos, nossa liberdade com responsabilidades, tornando-nos assim, pessoas livres, responsáveis e com identidade. Como seres livremente responsáveis Frankl (2010c, p. 217) afirma que "a existência humana de per si e como um todo já se funda essencialmente no ser-responsável".

A sexualidade não é, portanto, uma categoria abstrata. Pertence ao ser, à identidade humana que se estrutura como lugar do encontro. Ela está articulada em pulsões e desejos, afetividade e inteligência, liberdade e criatividade. Não subsiste como um saber fazer inato, programado instinto. "A sexualidade humana não pode ser reduzida a uma função: é uma primeira estrutura significativa, originária. A pessoa existe concretamente, não em abstrato" (CERQUEIRA, 2011, p. 63).

Sexualidade é convivência social e cultural. Cabe ao indivíduo orientar e coordenar sua sexualidade. Não há planos já programados, são caminhos que devem e precisam ser construídos a partir de uma identidade fundada em uma escolha responsável. Precisa haver, assim, necessariamente uma direção. A sexualidade se estrutura como lugar de encontro. Encontro consigo mesmo, com o outro e com a comunidade, com o meio. Compõem-se por isso, de uma ascese e de uma mística: o desejo em direção a Deus, purificando-se, a fim de tornar mais eficaz e verdadeiro o amor que é a fonte primaz de toda busca interior, seja para uma ação como também para uma realização.

A sexualidade requer um projeto de vida. Na perspectiva da vivência da fé cristã, o amor se torna uma forma de viver em duas modalidades, dois projetos de vida e uma única vocação: como matrimônio, aqueles que se casam sacramentalmente e como celibato, aqueles que constituem sumariamente um voto e uma consagração específica. As duas possibilidades necessitam de escolha, decisão e comprometimento. "O realismo cristão não deixa lugar para sonhos enganadores. É na entrega de vida que o amor vai se tornando gratuito, irreversível, definitivo, sem medo de ir até o fim" (CNBB, 2012, p. 169).

Na vida presbiteral as crises são parte do crescimento, da produção de uma subjetividade menos acomodada e desgastada. A resposta à uma vida celibatária é feita e refeita através de arranjos existenciais, em vista de melhores fluxos de afetos, integrando e reintegrando as intermitentes fragmentações do ser.

Sendo o ser humano uma totalidade bio-psico-espiritual, corresponde também a três formas de atitude: sexual, erótica e de amor. Na atitude sexual a aparência física de uma pessoa emana um atrativo sexual que desencadeia em outra, sexualmente predisposta. O impulso sexual, afetando-a na sua corporalidade. Realiza-se estritamente na realidade anímica da pessoa. Na atitude erótica a identificação está além da realidade anímica, ela compreende a realidade psíquica da pessoa. Não é simplesmente um desejo sexual, é a pulsão dos sentidos entre duas pessoas que se atraem e se correspondem afetivamente; Na atitude de amor, porém, a pessoa interage profundamente entre a realidade anímica e a psíquica da outra e de si próprio, orientando-se para uma relação de profunda realização espiritual (FRANKL, 2010c, p.174-175).

Compreendemos a decisão livre e responsável do presbítero ao responder com sua vocação, a entrega incondicional ao outro renunciando uma vivência sexual de intimidade com o outro. Para ele, esta atitude de amor o leva a responder não a uma pessoa especifica, mas a uma humanidade, a qual se dispõe a servir, realizando-se na descoberta e encontro do sentido de sua vida. Assim, assume para si o que Frankl (2010c, p. 176) propõe como fundamento para a realização do sentido da vida; a experiência do amor é sempre "um ato que caracteriza a existência humana no que ela tem de humano; por outras palavras, um ato existencial".

Ser celibatário e permanecer célibe requer um saber de si, um saber reflexivo. Existem questões que perpassam a vivência celibatária, uma vez que há sedução, isto é, há potências interiores desagregadoras como feridas pessoais, desajustes no ministério presbiteral; como a angústia da solidão pela não paternidade; as suspeições de insignificância e o esvaziamento estressante das decepções e das perdas.

O saber de si refletido é um expor-se incessante a fim de alcançar uma vez mais, a própria e nova integração. Melhora as condições que diminuem os auto-enganos. O auto-engano provém da onipotência do desejo que pretende criar um mundo "todo seu", às inteiras conveniências. Na cultura atual, o individualismo, a carreira solo, o circuito do imediato, a afetividade como apenas jogo erótico, podem ser parte da onipotência do desejo.

Celibato é uma experiência clara de solidão, um gosto por solitude, solidez, solidariedade. A solitude faz boa convivência com a incompletude. É preciso desde a formação inicial para a vida celibatária, aprender a conviver com a incompletude a cada dia. Só assim é possível realizar valores e fazer um encontro de sentido. Todas as pessoas estão submetidas a periódicas ondas de insatisfações e inquietações sobre o futuro. Ondas de insatisfações que trazem necessidades no instante do agora. Importa discernir nelas as reais demandas, pois podem abrir horizontes de criatividade. Se não há o discernimento, pode-se cair na acomodação.

A acomodação bloqueia o caminho celibatário realizador que se abre pela competência dadivosa. A acomodação alicerça as compulsões do desejo insatisfeito: posses e poder autoritário, dependências de vários matizes. É danoso entrar nas zonas obscuras e se transitar pelas linhas indefinidas onde mora o "corpo do pecado", segundo Paulo (cf. Rm 6,6).

Amar celibatariamente implica suportar o golpe narcísico de frustrações sem ferir a auto-estima. Não dá para enterrar as inseguranças, calando-as. No processo formativo inicial e na continuada formação deve-se aprender a assumir as dúvidas, as quais, precisam ser admitidas. Não se cresce sem a dialética da parte que crê com a parte que duvida, sem a dialética da parte luz com a obscuridade das hesitações.

Desde o tempo inicial de formação é preciso romper com as idealizações religiosas que, ao invés de ajudar a discernir com clareza o caminho para uma realização vocacional, apenas encobrem de maneira ambígua a realização sexual como forma de amar. Criam-se medos e, evidenciam-se situações limites, levando cada um a buscar e encontrar na sexualidade do outro a confirmação de si próprio. Péssimo processo educativo é o de criar medos. Há formadores, não por acaso, como há reis, que temem que os medos acabem.

> O Celibato é um PROJETO DE VIDA;
> Um TESTEMUNHO;
> Um SÍMBOLO.
> Supõe LIBERDADE;
> DESEJO de consagração;
> SENTIMENTO DE PERTENÇA (CNBB, 2012, p. 172).

A essência do presbítero está, por assim dizer, na sua identidade como resposta aos apelos do outro em encontrar sentido. A vocação é uma resposta eficaz e responsável quando leva a pessoa, e aqueles que estão a sua volta envolvidos com o mesmo, a responderem com espontaneidade e liberdade as interrogações próprias que a vida lhes tem feito. O celibato torna-se, assim, uma resposta coerente e verdadeira, como caminho para realização de valores e descoberta de sentido.

Dentre as idealizações que levam o presbítero a responder com prontidão a vocação, sendo sua vida uma resposta, encontramos a atitude descomedida de uma vivência oblativa. É no desprendimento de si em função do outro, como atitude de servidão, que se afirma e confirma, a todo instante, a resposta que lhe impõe sentido. É na entrega e na disponibilidade ao outro que se encontra o seu sentido. Como afirma Frankl (2011b, p. 133) "Cada qual tem sua própria vocação ou missão específica na vida; cada um precisa executar uma tarefa concreta, que está a exigir realização".

A resposta vocacional se dá na indispensável coerência de viver um cotidiano que nutre a realização de valores em busca de sentido possibilitando ao presbítero uma coerência de vida e de missão. O cotidiano é o território unificador da vida e da missão do presbítero. O cotidiano regula a vida com a missão assumida a partir da resposta dada e vivenciada.

> O corpo não apenas é um meio para estar em relação interpessoal no mundo, mas é condição indispensável para viver a própria existência no mundo. Toda pessoa conhece seu corpo, "vivendo-o"... Ele não se identifica totalmente com o próprio corpo, mais ainda quando a "unidade na pluralidade" se encontra ameaçada. Continua válida a afirmativa de que não se pode ignorar o fator cultural como importante elemento atuante em seu reconhecimento de identidade pessoal, embora não se possa atribuir-lhe um valor absoluto (CERQUEIRA, 2011, p. 68).

Todos os humanos, indivíduos, famílias, grupos e sociedade, todos precisamos de um cotidiano, de instância organizadora. É campo conceitual, pois se presta a análises e interpretações; retrata a efetivação e afetivação da identidade. Lugar do sujeito em seu devir concreto. O cotidiano é o lugar-espaço-tempo do imediato, do pragmático.

O cotidiano do presbítero age no agora, situa-se em sua ação, indica os traços mais evidentes de sua identidade. Define sua inserção no universo pastoral e sociocultural. O cotidiano do presbítero é o território de sua ação e de sua vivência. Ele é composto por um sistema de rotinas, interações entre pessoas, grupos e objetos. No cotidiano instituído há um encadear de ações recíprocas e afazeres que plantam e enraízam o sujeito em sua resposta vocacional.

O cotidiano presbiteral é um mundo essencialmente definido e prático. Diz o "uso do tempo" e do modo de habitar o espaço. Sugere uma lógica estruturalmente que termina por definir o agir e o pensar. Esta cotidianidade define as relações de uso e os papéis variados do presbítero. Ela precisa ser, assim, uma cotidianidade que proporcione a inteligibilidade do que se vive. Que confirme a direção em virtude da qual se caminha, cultivando e aprimorando as qualidades e atitudes.

4.1.3 O presbítero, um cuidador

É preciso integrar sua identidade ao seu ministério. Acredita-se que, hoje, exista uma grande dificuldade em pensar psicossocialmente a identidade do presbítero. Atualmente, é a bipolaridade que muitas vezes se faz entre as ações sociais e as ações espirituais. Vivemos uma tendência atual de que o presbítero deve cuidar mais da dimensão espiritual e deixar a dimensão social para os leigos ou a sociedade. Fazer esta separação é cair numa cilada de acomodação, reducionismo e empobrecimento da construção e estruturação da identidade presbiteral. Psicossocialmente a estruturação da identidade presbiteral, para melhor atender ao chamado Divino, deve ser de integração, não havendo bipolaridade.

Como caminho de integração da identidade do presbítero deve buscá-la e identificá-la como um cuidador. O que seria uma identidade de cuidador para o presbítero? Vejamos:

O cuidador se apresenta como poder de curar e transformar, tanto a vida de quem cuida, quanto daquele que recebe cuidados. No cuidado está a possibilidade de rompimento de barreiras, a capacidade de refazer laços humanos, de unir pessoas e comunidades, de dar sentido e razão para a vida. Para haver cura e transformação interior, social e espiritual são necessárias ações repletas de cuidados.

O cuidado se manifesta nas pequenas gentilezas, serviços, atenção, escuta, acolhida, disposição, flexibilidade, valorização, reconhecimento, gestos de carinho e doação, compreensão do outro ou comunidade necessitados de cuidados. O outro ou a comunidade tem sempre motivos para ser como é. A condição favorável à cura e transformação é o cuidado, sem julgamento ou preconceito pela sua história ou situação.

O cuidado é uma força interior que se apresenta como capacidade para alimentar a fé, a esperança, o desejo de viver, a autoestima, os ânimos, as energias, as esperanças, os sonhos, o sentido da vida. O cuidado recebido ou sua falta, faz tanta diferença na vida da pessoa ou comunidade que, sem fazer muito esforço, percebe-se sua presença ou ausência.

O ditado popular que diz: "somente o tempo é que cura" é uma grande mentira, pois ele não tem poder de curar e transformar nada. O tempo pode apagar um pouco as lembranças, mas não tem poder de curar e transformar as feridas, as mágoas, as carências, as tristezas, os ressentimentos, a rejeição, os maus tratos, a baixo alto-estima, as revoltas, o rancor, os vícios, a falta de fé, o vazio existencial, a falta de sentido da vida. O tempo não cura nem transforma ninguém. Somente o cuidado é que tem o poder para curar e transformar, de verdade, as pessoas. Somente ele é capaz de suscitar a energia maior do ser humano que é a capacidade de amar e ser amado e, é isto que cura e transforma as pessoas.

O cuidado tem poder de curar e transformar porque transmite segurança, autoestima, amor, respeito, consideração, reconhecimento, valorização da vida e do bem, sentido para a vida. A pessoa que recebe cuidado tem mais possibilidade de sentir-se amada e, é este cuidado-amor que é capaz de suscitar a energia necessária para a cura e transformação.

Colocar o acento na identidade presbiteral como cuidado é buscar fugir ao modelo tradicional de presbítero como homem absorvido pela dimensão vertical da fé. É buscar fugir as armadilhas do modelo somente social, como homem absorvido mais pelo social, pelo engajamento cristão no mundo, de homem político, de luta em acampamentos, favelas, ruas; acima de tudo, é buscar fugir a nova tendência de presbíteros secularistas, midiáticos que leva-nos a entender que para ser bom presbítero basta ter boa estéticas, revestir uma batina, usar *clergyman*, casula e ser promotor de eventos religiosos capazes de causar algum impacto na vida das pessoas. Esse último se torna mais perigoso porque leva o presbítero a desvencilhar-se da ação e vivência religiosa. Isto é, o presbítero não precisa mais ser santo, fiel, fazer sacrifícios, mas basta saber fazer a propaganda da fé, apresentar uma religião de aparência, fazer marketing religioso, saber atrair homens e mulheres que estavam meio afastados da vida comunitária.

A centralidade da identidade do presbítero como cuidado, identidade de integração, tem poder de melhor potencializar a realização de sua missão. Pensar sobre a identidade do presbítero como cuidador é unir o espiritual e social, pois o cuidado se situa para além deste eixo. Não se cuida simplesmente de uma ou outra dimensão do ser humano, mas do ser humano como um todo.

5 CONCLUSÃO

O homem não é o simples resultado de disposições hereditárias e aquisições do meio. Tem a possibilidade de adotar uma posição diante do herdado e do meio, podendo intervir de forma livre e responsável em sua ação. Tal possibilidade de escolha, compreende a capacidade de formar motivos próprios e deixar de lado aqueles que são apresentados pelos impulsos ou necessidades internas, ou ainda, por estímulos internos ou valores sociais derivados do meio.

O ser humano não é, pura e simplesmente, o resultado das forças que o influem, pois ele próprio se faz por meio das realidades que encontra no mundo. À medida que o homem se desenvolve, vai descobrindo as resistências, os limites e as condições em que se vive. É ele quem faz livremente a opção por ser livre e responsável. A liberdade no ser humano vai além de sua autonomia. Está na capacidade de se autotranscender. Na transcendência de seu ser encontra-se o núcleo de sua liberdade.

A liberdade, na pessoa humana, goza de uma situação paradoxal de ser absoluta e relativa. Absoluta no sentido de ter sido dada a cada um de maneira intransferível, ninguém delega sua liberdade a outro. Relativa no sentido da participação em todas as realidades, em determinado contexto de tempo, espaço e situações existenciais. Esta dualidade, relativa e absoluta, torna o ser humano inseguro diante da necessidade de atos concretos, o que pode obscurecer sua consciência diante da necessidade de transcender. É preciso conceber que o homem é um ser livre e um ser responsável. Nisto consiste a liberdade humana, tornar-se livre e responsável.

Nesta atitude, livre e responsável, o homem é determinado a viver suas situações factuais não como destino, mas como possibilidades. Ao se deparar com sua historicidade, ele vivencia seu passado – devidamente interpretado e assumido – tornando-se aberto a um fecundo e novo futuro, encontrando e vivendo plenamente o sentido da vida. Deve-se compreender que o ser humano ao ser concebido, nasce e se desenvolve nas diversas fases de sua vida e falece sendo a expressão de um projeto vivencial, devido ao qual só pode viver como humano. No entanto, existe uma singularidade em sua vida que deve ser construída. Compete a cada pessoa orientar sua vida de modo próprio, dando sentido a suas ações e assumindo a determinação de sua própria vida (GRIFFA; MORENO, 2010a, p. 72).

A liberdade é, então, a capacidade do homem fazer-se livre e responsável perante as buscas e realizações na história de sua vida, sendo um ser de relações consigo, com o outro e com o meio, vivendo e descobrindo a cada dia o sentido de sua vida. O presbítero não descobre este sentido se não tiver claro e identificado sua identidade em meio as polaridades existentes nas possibilidades de sua resposta a este interrogar-se que a vida lhe faz.

A valorização da identidade manteve-se firme até os primeiros embates da modernidade. Esta, ao valorizar a liberdade, a autonomia do sujeito em oposição ao império da verdade objetiva, do poder da instituição, da injunção das autoridades em nome de tradições sagradas, ao criar uma consciência histórica, ao pregar a relevância da práxis transformadora da realidade, iniciou um processo de quebra da clássica concepção de identidade. Manteve ainda, muito de um sujeito conquistador, transformador da realidade, criador de utopias. A pós-modernidade avançou no processo de esfacelamento e fragmentação da identidade.

No momento, portanto, encontramos num trevo em que três caminhos se cruzam. Reafirma-se, de maneira fundamentalista, ortodoxa até as raias do fanatismo, uma rígida identidade compactada em atitude contracultural. O caminho oposto desemboca em outra paragem. A identidade se faz e refaz com rapidez. A preocupação não se concentra no compromisso nem na permanência das relações estáveis, mas no prazeroso de sua vivência. E a partir desse critério básico se organizam os outros elementos pessoais, sociais e religiosos.

Há uma terceira via. Evita os dois extremos. Aposta em relações estáveis para estruturar a identidade. No entanto, não se prende a nenhuma rigidez. Aceita que o lado duro da identidade se modifique, se aperfeiçoe ou mesmo se defraude nos riscos da vida. Isso acontece no confronto entre a consciência aberta da própria identidade em face da diferença de outras identidades.

Não podemos nos esquecer que somos uma unidade na pluralidade. É na tentativa de compreender, a cada dia, nossa essência bio-psico-espiritual que nos propomos a uma realização no meio em que vivemos.

Em termos cristãos, a fé na Trindade oferece luzes para entender que na unidade de uma natureza três pessoas subsistem. As diferenças das pessoas trinitárias não rompem a unidade substancial. Modelo perfeito de que somos longínqua sombra. Conosco, a Trindade deixou sua marca e fala alto até que consigamos, na escatologia final, compreender como, sem perder nossa identidade, “Deus será tudo em todos”.

REFERÊNCIAS

Bíblia do Peregrino. São Paulo, SP: Paulus.

CNBB. **Diretrizes para a Formação dos presbíteros da Igreja no Brasil**. São Paulo, SP: Paulinas, 2011. (Documentos da cnbb, 93).

CNBB. (Luis Henrique Eloy e Silva, org.) **O dom do celibato na vida e na missão da Igreja**. 1. ed. Brasília, DF: CNBB, 2012.

JOÃO PAULO II. **Exortação apostólica pós-sinodal sobre a formação dos sacerdotes "Pastores dabo Vobis"**. 3. ed. São Paulo, SP: Edições Paulinas, 1992. (A voz do papa, 128).

CERQUEIRA, Elizabeth Kipman (org.). **Sexualidade, gênero e desafios bioéticos**. São Caetano do Sul, SP: Difusão Editora; Amazonas: CBAM, 2011.

CIFUENTES, Rafael Llano. **Sacerdotes para o terceiro milênio**. 5. ed. Aparecida, SP: Editora Santuário, 2009.

COMBLIN, José. **Vocação para a liberdade**. 3. ed. São Paulo, SP: Paulus, 1998.

COZZENS, Donald B. **A face mutante do sacerdócio**. Reflexão sobre a crise de alma do sacerdote. São Paulo, SP: Edições Loyola, 2001.

FRANKL, Viktor E. **A presença ignorada de Deus**. 12. ed. São Leopoldo, RS: Sinodal; Petrópolis, RJ: Vozes, 2010a.

FRANKL, Viktor E. **A vontade de sentido**: fundamentos e aplicações da logoterapia. São Paulo: Paulus, 2011a.

FRANKL, Viktor E. **El hombre doliente**. Fundamentos antropológicos de la psicoterapia. 1. ed. Barcelona, Spain: Herder, 2009.

FRANKL, Viktor E. **Em busca de sentido**: um psicólogo no campo de concentração. 30. ed. São Leopoldo, RS: Sinodal; Petrópolis, RJ: Vozes, 2011b.

FRANKL, Viktor E. **O que não está escrito nos meus livros**: memórias. São Paulo, SP: É Realizações, 2010b.

FRANKL, Viktor E. **Psicoterapia e sentido da vida**: fundamentos da logoterapia e análise existencial. 5. ed. São Paulo, SP: Quadrante, 2010c.

FRANKL, Viktor E. **Um sentido para a vida**: psicoterapia e humanismo. 11. ed. Aparecida, SP: Ideias & Letras, 2005.

GRIFFA, Maria Cristina; MORENO, José Eduardo. **Chaves para a psicologia do desenvolvimento**: vida pré-natal, etapas da infância. Tomo 1. 6. ed. São Paulo, SP: Paulinas, 2010a.

GRIFFA, Maria Cristina; MORENO, José Eduardo. **Chaves para a psicologia do desenvolvimento**: adolescência, vida adulta e velhice. Tomo 2. 7. ed. São Paulo, SP: Paulinas, 2010b.

LIBANIO, João Batista. **A escola da liberdade**: subsídios para meditar. São Paulo: Loyola, 2010.

MACIEL, Marcial. **A formação integral do sacerdote católico**. São Paulo, SP: Edições Loyola, 1992.

MARTÍNEZ, José Luis Martínez. **A conquista da liberdade**: autoconhecimento, maturidade e encontro com Deus. Aparecida, SP: Editora Santuário, 2003.

MÉZERVILLE, Gaston de. **Maturidade sacerdotal e religiosa**: um enfoque integrado entre psicologia e magistério. Vol. I: a formação para a maturidade. São Paulo, SP: Paulus, 2000a.

MÉZERVILLE, Gaston de. **Maturidade sacerdotal e religiosa**: um enfoque integrado entre psicologia e magistério. Vol. II: a vivência da maturidade. São Paulo, SP: Paulus, 2000b.

PEREIRA, William Cesar Castilho. **Sofrimento psíquico dos presbíteros**: dor institucional. Petrópolis, RJ: Vozes; Belo Horizonte, MG: Editora PUC Minas, 2012.

RABUSKE, Edvino A. **Antropologia filosófica**: um estudo sistemático. 8. ed. Petrópolis, RJ: Vozes, 2001.

Printed by Books on Demand GmbH, Norderstedt / Germany